AF476517

L5h
1620

VILLE DE HAM

RELATION DU COMBAT DU 9 DECEMBRE 1870

ET DE LA

CAPITULATION DE LA GARNISON PRUSSIENNE

SOUVENIR DU 25e ANNIVERSAIRE

CÉLÉBRÉ LE 26 JUILLET 1896

IMPRIMERIE, LIBRAIRIE, PAPETERIE
JUNIET-RASSE, Rue du Général Foy à HAM

En Vente chez JUNIET-RASSE, Imprimeur-Libraire

HISTOIRE de la Ville et du Chateau de Ham, par Elie Fleury et Ernest Danicourt, 2 fr.

VUES diverses du Chateau, de 25[c] à 2 fr.

VUES diverses de Ham.

VUE du monument élevé au cimetière de Ham à la mémoire des soldats morts pour la défense nationale.

PAPETERIE & ARTICLES DE FANTAISIE

FOURNITURES DE BUREAUX.

REGISTRES EN TOUS GENRES, réglés, imprimés, à souches perforées, etc.

BIBLORHAPTES & CLASSEURS de divers systèmes.

TRAVAUX D'IMPRIMERIE en tous genres.

AFFICHES pour Fêtes, pour Notaires, pour Tirs, etc.

RELATION DU COMBAT DE HAM

ET DE LA CAPITULATION DE LA GARNISON PRUSSIENNE

(9 DÉCEMBRE 1870)

Le 9 décembre 1870, la ville de Ham était occupée par des soldats de la 3e division des chemins de fer et d'une compagnie du 81e régiment prussien. La garnison prenait ses aises; le fort était devenu un dépôt de vivres et de denrées de toutes espèces; la circulation était rétablie sur le chemin de fer de Nesle à Tergnier, le télégraphe et la poste fonctionnaient régulièrement. Les Prussiens s'installaient donc commodément dans la ville, logeant au château, mais vivant chez l'habitant; tout semblait promettre à ces vainqueurs de longues semaines de paix au sein même de la guerre, lorsque survint, inattendu et prompt comme la foudre, le coup de theâtre du 9 Décembre.

Le général Faidherbe avait mis en marche les trois divisions du 22e corps d'armée et les faisait converger sur Amiens. Dès le début de ses opérations, il avait résolu de s'emparer de la place de Ham, qu'il considérait comme importante, parce qu'elle commande le chemin de fer de Tergnier à Amiens et les communications de cette ligne avec l'Est et Reims. En conséquence, le 9 décembre, à 10 heures du matin, une colonne volante de la division Lecointe quitta Saint-Quentin,

Ce Récit du Combat de Ham et de la Capitulation prussienne qui en fut la conséquence, a été fait d'après l'ouvrage de M. Gustave RAMON (Vindex) : l'*Invasion en Picardie*.

disposa sa marche en appuyant toujours à gauche de manière à intercepter toute communication entre La Fère et Ham, et fit une courte halte pour attendre la nuit, au petit village d'Aubigny-aux-Kaisnes.

La ville de Ham ignorait complètement l'arrivée des troupes françaises; un habitant qui revenait de Saint-Quentin, avait à peine eu le temps — bien que pour devancer nos soldats, il eût fait le trajet à grande course depuis Aubigny — de prévenir confidentiellement quelques amis de la rencontre qu'il venait de faire, lorsque la tête de colonne, débouchant de la route de Saint-Quentin, s'arrêta dans Saint-Sulpice, l'un des faubourgs de Ham.

Il était six heures du soir.

Depuis plus d'une heure, les ombres de la nuit étaient descendues sur la campagne et la ville ; les masses noires de nos bataillons qui défilaient silencieux et compacts le long de la côte de Saint-Sulpice, se détachant sur l'épais manteau de neige qui couvrait la terre, offraient au regard l'aspect le plus saisissant.

A la tête des soldats marchait le général Lecointe entouré de son état-major et suivi des deux dragons légendaires du Nord qui composaient son escorte et son unique cavalerie.

Lorsque la petite armée tout entière eut pris pied dans le faubourg, un commandement retentit : Halte ! — puis : Silence !

Mais un soldat maladroit qui chargeait son fusil, fit partir le coup par mégarde, et le général, craignant qu'une nouvelle maladresse vint trahir son arrivée, commanda : Baïonnette au canon... pas gymnastique, en avant — Marche !

Toute la troupe s'ébranla sur deux lignes et conduite par M. Emile Ancelin qui rentrait chez lui, arriva à l'octroi de la porte Saint-Quentin, le corps de garde ennemi. Des coups de feu retentirent et deux Prussiens tombèrent la face contre terre. L'entrée de la ville était libre.

Les Français l'envahirent alors sur trois colonnes, pendant que le 1er bataillon du 65e de ligne formait réserve en arrière.

La 1re colonne s'engagea sur le rempart du Midi, gagna la

rue de Noyon, surprit le poste prussien de la gare après avoir tué le factionnaire à bout portant. Le sergent qui le commandait fut blessé, mais comme il résistait encore, l'un des nôtres lui perça la poitrine d'un coup de sabre-baïonnette. Il fut enterré le lendemain à Muille.

La 5e compagnie du 1er bataillon du 91e de ligne fut campée sur la route de Noyon pour couper la retraite aux fuyards et signaler, le cas échéant, l'arrivée des renforts imprévus.

Au même instant, la 1re compagnie et une section de la 5e envahissaient l'Esplanade du Château, qu'elles entouraient instantanément de tous côtés.

Pendant ce temps, la 2e colonne s'emparait du Boulevard du Nord, remontait les rues adjacentes qui conduisent à la place et au fort et faisait sa jonction avec le 17e bataillon de chasseurs de marche auquel était dévolue la tâche la plus périlleuse, celle de remonter en ville par la rue Notre-Dame et la Grand'Rue.

Le général Lecointe était partout à la fois, donnant ses ordres et assignant aux compagnies leurs postes de combat.

L'attaque avait été si brusque, si imprévue, si foudroyante, que les Prussiens n'eurent pas le temps de se reconnaître et de recevoir de renforts. Un petit nombre seulement de ceux qui étaient en ville parvint à regagner le château d'où le clairon sonnait le rappel. Ceux qui se précipitaient hors des maisons pour obéir à ce signal étaient sommés de se rendre et les coups de feu suivaient de près la sommation restée sans effet.

A 7 heures, la gendarmerie recevait les premiers prisonniers. La fusillade cessait en ce moment, et dès 8 heures du soir, le général Lecointe était maître de la ville redevenue française.

Restait le Château-fort qui, comme nous l'avons dit, avait été investi dès la première heure. Nos soldats embusqués derrière les gros ormes de l'Esplanade ou postés dans les maisons voisines, continuaient le duel au fusil avec les Prussiens abrités derrière les murs de la citadelle. Cette fusillade quoique des plus violentes de 8 heures à 9 heures, ne produisit pas beaucoup d'effet. Quelques-uns des nôtres cependant furent blessés ; l'un d'eux commit l'imprudence de quitter son arbre et de se découvrir, il tomba mortellement frappé d'une balle à la ceinture.

Vers dix heures et demie, la batterie Bocquillon lança quelques obus contre les murs du fort, moins pour essayer de faire brêche que pour apprendre aux assiégés qu'en cas de résistance de leur part, ils auraient à compter avec des forces écrasantes.

C'est dans la cour servant actuellement de chantier à M. Doublet, que les canons avaient d'abord été mis en batterie, afin d'attaquer de front la partie faible du Château que M. Flajollot, ancien garde du génie à Ham, avait indiquée au général Lecointe. Mais la fusillade qui battait ce point sans relâche, obligea les artilleurs à transporter leurs pièces de l'autre côté du canal dans le vieux cimetière. C'est de là que les premiers coups partirent dont quelques uns écornèrent le toit de la maison Tétrel.

Vers 11 heures 1/2, le lieutenant Houdart, du 91e de ligne, accompagné d'un soldat porteur d'un falot, se présente devant le fort. Il essaye d'entrer en pourparlers avec les Prussiens ; mais ceux-ci n'entendent rien et continuent le feu.

Croyant n'avoir pas été compris, le lieutenant revient sur ses pas et choisit parmi les hommes de son détachement, un alsacien en compagnie duquel il s'avance de nouveau jusqu'à 15 mètres de la porte du château.

L'alsacien portait, comme le premier soldat, un falot et en outre un drapeau blanc qui, se confondant avec la neige, fut invisible pour les assiégés, — du moins l'ont-ils prétendu.

Le soldat parlementaire interpelle encore une fois l'ennemi et réitère, en allemand, la sommation déjà faite par M. Houdart. Les Prussiens ripostent par une décharge qui blesse à l'œil le lieutenant, l'alsacien reçoit une balle au front, s'affaisse sur les genoux et tombe mort à la renverse. On apercevait encore le lendemain, près du deuxième arbre de la rangée de droite, vis-à-vis de la porte du fort, une large tache de sang qui rougissait la neige.

Le lieutenant vint immédiatement rendre compte à son capitaine du guet-apens dont il avait failli être lui même la victime et qui coutait la vie à l'un de ses braves soldats. Le capitaine furieux jure de prendre le fort d'assaut et d'en passer sans pitié, ni merci, tous les défenseurs au fil de l'épee. Puis il se rend à l'ambulance où il proclame son intention d'enfoncer la porte à coups de canons. Il exhalait ses menaces devant M. le docteur Doueuil qui lui fit observer que ce n'est pas généralement par la porte que l'on entre dans une forteresse ; cette partie étant toujours protégée par de formidables défenses. Puis il traça un petit croquis fidèle de l'entrée du fort suivie d'un chemin tournant aboutissant à la seconde porte et à la deuxième enceinte de murailles.

Le capitaine reconnaissant la justesse de ces observations, abandonna son projet d'attaque de vive force.

On dut chercher un autre moyen...

Le lieutenant en premier Bürger qui commandait à Ham le détachement du 81e de ligne prussien avait été fait prisonnier dès le début de l'action, à quelques pas du café du Commerce. Des officiers français, au nombre desquels se trouvait le vieux et brave capitaine Martin, de la 1re compagnie du 91e, imaginèrent de se servir de ce nouvel auxiliaire et se rendirent immédiatement auprès de lui.

On fit comprendre, non sans peine, au lieutenant qu'il y aurait folie de la part des siens à tenter une plus longue résistance ; qu'il y avait là campée autour de Ham, une armée française contre laquelle toute défense était impossible ; que le fort, quoiqu'il advienne, devait être à tout prix en notre pouvoir avant le point du jour ; que nos soldats irrités du meurtre du parlementaire alsacien, ne feraient pas de quartier à leurs ennemis, lorsqu'ils auraient pénétré par la brèche....

Convaincu par les arguments irréfutables qui furent exposés devant lui, l'officier consentit à servir de parlementaire et se laissa conduire à cet effet jusqu'à la maison de M. Roche épicier et débitant près du pont de Chauny.

Ce batiment assez spacieux, était occupé des combles au rez-de-chaussée par une compagnie du 17e chasseurs ; nos fantassins postés aux fenêtres du 1er étage et aux lucarnes du grenier faisaient un feu nourri sur le château qui, de son côté criblait de balles les murs et les toits de la maison Roche.

Abrité derrière un petit mur de clôture, le lieutenant Bürger héla une première fois les Prussiens du fort. Mais sa voix qui avait à franchir une distance de 300 mètres environ ne parvint pas jusqu'à eux. On le fit monter alors dans une chambre du premier étage faisant face au château. Là, le parlementaire renouvela sa tentative qui au bout d'un quart d'heure eut un plein succès.

L'organe grinçant, rauque, métallique de l'officier prussien finit par dominer le tumulte et fut entendu par ses camarades qui lui répondirent après quelques minutes d'hésitation. Le feu cessa dès lors de part et d'autre et, pendant une heure entière, l'interprête continua de parler au milieu du silence général.

Les assiégés auxquels les vivres et les munitions permettaient de tenir près de huit jours hésitaient. Mais devant les menaces d'un bombardement et l'imminence d'un assaut ils cédèrent et l'officier prussien son mandat accompli, descendit apportant au capitaine Martin l'acquiescement à la reddition de la place.

Restait à signer le protocole.

C'est au rez-de-chaussée de la maison Roche, sur une petite table de la cuisine que furent débattus et rédigés après de courtes explications les termes de cet acte *unique* dans les annales des vainqueurs de Sedan pendant la guerre de 1870-71: Le texte en fut rédigé en langues allemande et française.

Voici la teneur générale de cette capitulation :

Article premier. — Les soldats prussiens de la 3e division des chemins de fer et du régiment n° 81 qui occupent la forteresse de Ham, rendent cette forteresse en se constituant prisonniers de guerre.

Art. 2. — Tous les officiers, les employés de la 3e divison des chemins de fer ayant rang d'officier et le sergent-major en premier de cette division obtiennent de conserver leur sabre, avec la permission de le conserver pendant leur captivité. En outre ces messieurs conserveront leurs bagages.

Les employés des chemins de fer conserveront aussi trois voitures avec six chevaux et les employés inférieurs conserveront leur manteau et leur sac.

Art. 3. — Les soldats déposeront leurs armes dans une chambre de la forteresse et quitteront la citadelle à six heures du matin. Celle-ci sera aussitôt occupée par les Français.

Art. 4. — Pour fixer le traité, il y aura armistice jusqu'à 6 heures du matin.

Art. 5. — Le général en chef Faidherbe prendra soin que les officiers, les employés et les soldats soient échangés à la première occasion contre des prisonniers français.

Art. 6. — Par des parlementaires seront échangées ces conditions résolues entre M. le général Faidherbe ou son délégué et l'ingénieur en chef et M. le commandant de la 3e division des chemins de fer.

Fait en double expédition à Ham le 10 décembre 1870.

Pour le général et par son ordre,
Signé : E. MARTIN.
Signé : BURGER,
1er lieutenant COTBEN.

Et pendant toute la nuit le clairon du fort n'avait cessé de sonner l'alarme... Mais qui pouvait l'entendre ?

A l'heure fixée par les conventions, les troupes françaises firent leur entrée dans la forteresse, clairon sonnant, et précédées du commandant Cottin, chef du 1er bataillon du 91e de ligne, du capitaine Martin et du lieutenant Maillot.

Les Prussiens étaient rangés sur deux files et sans armes au milieu de la grande cour du château. Le chef de bataillon Tramond, du 75e de ligne, investi du commandement du fort, les fit conduire immédiatement à la caserne de la porte St-Quentin où nos soldats s'empressèrent de leur faire prendre quelques aliments. A midi, le convoi des prisonniers, escorté par une compagnie du 91e de ligne, partit pour St-Quentin où il arriva vers sept heures du soir et après une nuit de repos fut dirigé sur Lille.

Le brillant coup de main du 9 décembre était le premier mouvement offensif de l'armée du Nord et le prélude de sa campagne de six semaines. La surprise de Ham eut pour effet immédiat d'intercepter momentanément les communications du feld-maréchal de Manteuffel avec le gouverneur général de Reims en coupant la voie ferrée entre Tergnier, Amiens et la Normandie.

Cette capitulation fit tomber en notre pouvoir, 210 prisonniers, d'après Faidherbe, dont trois officiers de ligne, un conseiller de la couronne M. Simon, un ingénieur M. Fabien, un sous-ingénieur, un sergent-major ayant rang d'officier et six sergents.

Nos pertes bien qu'atténuées par l'élan de nos troupes et la soudaineté de l'attaque furent assez sérieuses : trois hommes tués, deux morts des suites de leurs blessures et seize blessés moins grièvement. Du coté des prussiens neuf furent tués dans les rues de la ville et une vingtaine de blessés, dont un subit à l'hospice l'amputation de la jambe.

Outre les prisonniers, la capitulation nous livra 20 chevaux, des fusils, des munitions, un matériel complet d'outils de chemins de fer et tous les bagages du détachement parmi lesquels on trouva des robes de soie, des jupons, un violon et des objets de toutes sortes volés dans le cours de la campagne.

Le 10 dans la matinée, le général Faidherbe avec tout son état-major fit son entrée dans la ville et descendit à l'*Hotel de France* ; l'oriflamme d'azur constellé d'étoiles d'or, qui était le guidon du commandant en chef de l'armée du Nord, flotta pendant quelques heures à la porte de cet hôtel.

Une armée toute entière, à l'exception de la division Paulze d'Ivoy qui se trouvait alors à Péronne, était réunie sous les murs de Ham ; les villages d'alentour, Matigny, Douilly, Sancourt, Offoy, Croix, Voyennes, en un mot tous les passages de la Somme servaient de cantonnement à nos troupes.

Le jeudi 15, le général en chef quittait Ham définitivement pour marcher sur Amiens et quelques jours après avaient lieu les sanglantes batailles de l'Hallue....

Ici s'arrêtent les faits se rapportant au glorieux anniversaire que nous voulions rappeler à ceux qui en ont été les témoins, retracer à ceux qui étaient trop jeunes pour en avoir gardé un exact souvenir, et apprendre à ceux qui, alors, n'étaient pas de ce monde. Tous seront fiers de ce beau fait d'armes qui ajoute un nouveau fleuron aux gloires de notre cité; ils en éprouveront un légitime orgueil qui rendra plus vivace encore l'ardent patriotisme qui les anime.

La capitulation prussienne n'est pas la seule dont la ville de Ham ait à s'enorgueillir. Elle en rappelle une autre qui est restée mémorable par les circonstances dont elle fut entourée.

En 1815 après Waterloo, la France fut envahie par le Nord. Le 3e corps d'armée prussien vint camper autour de Ham; il était établi sur les hauteurs de Saint-Sulpice et Estouilly. Le général prussien Thyelmann fit sommer le commandant Balson de lui livrer le château-fort et la ville. Balson répondit à l'arrogante sommation du baron prussien comme il convenait à un officier du premier empire et il se défendit avec une énergie et une habileté si grande qu'il obtint une capitulation d'une rare honorabilité. En voici le sommaire :

Article Premier. — Un nombre de troupe prussienne égal à celui de la garnison française sera admis au château pour y tenir garnison de concert avec la dite troupe française.

Article 2. — Le château sera gardé par les troupes des deux nations..

Art. 3. — La partie des troupes françaises qui devra quitter le château, faute de logement, sera logée en ville et sera traitée à l'amiable par les troupes prussiennes.....

Art. 4. — La troupe prussienne n'entrera au château que dans la journée de demain 28 juin.....

Art. 5. — Tout le matériel de l'artillerie ne pourra être enlevé que par le gouvernement futur de la France (de même pour les archives, papiers et documents du génie).

Art. 6. — Tous les bagages, meubles et effets des officiers, soldats et employés militaires resteront intacts.

Art. 7. — Le secrétaire archiviste et les divers employés de l'artillerie et du génie conserveront leurs emplois.

Art. 8. — L'officier français commandant la troupe française, comme l'officier prussien commandant la sienne seront tous deux sous les ordres du commandant du château.

Fait au château de Ham le 27 juin 1815.

Signé : BALSON.

Signé : Baron de THYELMANN.

Voilà certes une belle capitulation. Elle fait autant d'honneur à un commandant de place qu'une victoire à un général. Ce qui la rend bien autrement glorieuse c'est le chiffre des hommes de la garnison.

Lorsque M. Balson les présenta au général Thyelmann celui ci lui dit : Où est la garnison ? et à la profonde stupéfaction du baron prussien, le commandant lui répondit : mais, la voilà, toute entière !

Il y avait en tout 118 hommes, y compris les officiers ; et ces 118 hommes avaient arrêté pendant trois jours un corps d'armée de 30.000 hommes !

Nous avons cru bon de rappeler avec quelques détails cette admirable capitulation française et de la mettre en regard de la capitulation prussienne de 1870. Ce sont des faits qui parleront haut au cœur de nos jeunes générations, y développeront l'esprit d'héroïsme et l'y maintiendront à la hauteur de celui de leurs ainés.

Afin de perpétuer le souvenir de l'audacieux exploit du 9 décembre 1870, la ville de Ham a fait ériger, par souscription, un monument à la mémoire de nos soldats, morts pour la Patrie.

Ce mausolée d'une élégante et sévère simplicité, dû au ciseau d'un artiste de Ham, M. P. Clément, fut solennellement inauguré le mardi 12 décembre 1871, au milieu d'une affluence considérable de population. M. le Préfet de la Somme, M. le général de brigade Henry, commandant la 3e subdivision et un grand nombre d'officiers et de soldats de toutes armes, assistaient à l'inauguration.

Après l'office, M. l'abbé Mollien, chanoine honoraire de la cathédrale d'Amiens, ex-aumonier de l'armée du Nord, prononça l'oraison funèbre des enfants de la France, tombés en combattant et demanda pour eux les bénédictions du ciel. Sur la face antérieure du monument a été gravée l'inscription suivante :

LA VILLE DE HAM A L'ARMÉE DU NORD

COMBAT DU IX DÉCEMBRE MDCCCLXX
CAPITULATION DE LA GARNISON PRUSSIENNE

A LA MÉMOIRE DES SOLDATS MORTS
POUR LA DÉFENSE NATIONALE

REQUIESCANT IN PACE

Parmi les épisodes intéressants du combat du 9 Décembre, relatons les suivants :

Un tout jeune soldat du 17e chasseurs en descendant au pas de course une de ces rues étroites qui aboutissent à la place, pourchassait un officier prussien. Il allait l'atteindre, lorsque celui-ci se jeta vivement dans une maison dont il referma violemment la porte.

Avant de faire le siège de cette forteresse improvisée, notre chasseur somma l'officier de se rendre, le menaçant d'un assaut en cas de résistance. Celui-ci s'empressa de capituler et remit son épée au vainqueur qui vint offrir ce trophée au général. Ce dernier qui prenait à la hâte son repas du soir, glissa dans la main du soldat une pièce de 5 francs et remercia par quelques paroles chaleureuses le courageux enfant pleurant de joie.

L'arrestation du lieutenant en 1er qui commandait le détachement du 81e de ligne prussien s'effectua dans des circonstances assez bizarres qui lui donnèrent un cachet de haute comédie.

Le hobereau se prélassait au café du Commerce et paraissait prendre un plaisir extrême à voir se dessiner sur le tapis vert du billard ces étranges effets de bille qu'on appelle : *massés*. Le propriétaire du café, M. Adolphe Mercier, qui faisait en ce moment la partie avec un voyageur en caoutchouc de Lille, M. Bonnaud, était l'objet de l'admiration contemplative de notre homme qui demandait et redemandait sans cesse « *des petits coups qui tournent.* »

La fusillade tira de son innocente jubilation l'officier qui, perdant la tête, se précipita hors du café. Mais M. Bonnaud s'élança sur ses pas, le ressaisit bientôt et l'emmena prisonnier, — ce ne fut pas du reste le seul qu'il fit ce jour-là.

M. Flajollot, ancien garde du génie à Ham, prévenu que le général Lecointe le demande, afin de connaître les points sur lesquels devra se faire le bombardement du fort si les circonstances l'exigent, exécute à l'instant ce qu'il considère comme un ordre. Demeurant faubourg de Chauny, il lui faut pour entrer en ville traverser le pont du canal sous le feu direct du fort, nos soldats abrités derrière des murs ou des arbres le préviennent du danger, l'engagent à retourner et à prendre une autre voie.

M. Flajollot, le vieux militaire, n'écoute rien ; son général l'a fait demander, son devoir est d'exécuter l'ordre et il enfile hardiment le pont. Son ombre se détache nettement sur le blanc étincelant de la neige, et elle est aperçue du fort. La fusillade redouble aussitôt d'énergie et d'intensité contre lui. Une seule balle lui effleura l'épaule et enleva le col de son habit. Son acte de vaillance a réussi et il arriva sain et sauf devant le général Lecointe.

Le 12 janvier 1871 un évènement tragique arriva chez M. Roche épicier.

Le nommé Lefèvre-Houde, menuisier à Ham, dont la maison avait été pillée pendant le séjour du 81e de ligne prussien, vivait depuis cette époque dans un état de surexcitation qui devait lui être fatal.

Lefèvre avait reçu la visite d'un parent et vers 8 heures du soir le reconduisait ; il était arrivé au coin de l'impasse de la Croix-Blanche, en face de la maison de M. Leroy-Morlet sabotier, actuellement occupée par Mme Poitte, couturière et marchande de nouveautés, lorsqu'il rencontra un sergent du 70e qui sortait de l'écurie de M. Jérôme boucher, où il était allé réquisitionner une voiture et eut avec lui une altercation.

Se précipitant dans l'atelier de M. Leroy, Lefèvre en ressortit aussitôt armé d'un paroir, se jeta sur le sergent, lui porta un coup de cet outil et lui fit au poignet une grave blessure.

Il s'enfuit du coté de la plaine — c'était du reste le chemin de sa maison. Mais poursuivi par plusieurs prussiens, il fut rejoint, arrêté et conduit chez M. Roche, dans la salle de billard, où était le poste.

Il était 9 heures du soir environ. Mme Roche qui était couchée se leva pour se rendre compte du bruit qu'elle entendait. Elle vit alors le malheureux Lefèvre vêtu de son pantalon et de sa chemise dont la poitrine était déjà maculée de sang. Il était entouré de tous les hommes du poste avides de vengeance. Il essaya quelques supplications auxquelles ils ne répondirent que par des fourth ! violents et sauvages et en le poussant dehors. Mais il n'eut pas le temps de sortir de la salle de billard ; plusieurs coups de fusil tirés à bout portant l'étendirent raide mort.

Puis les Prussiens transportèrent son cadavre dans le chantier de M. Cyrille Buy et le déposèrent entre deux pierres de taille. Une heure plus tard, MM. Gomart et Vavasseur vinrent sur l'ordre de la commandature, reconnaître l'identité de Lefèvre qui fut ensuite porté à son domicile sur un brancard.

Le malheureux était âgé de 43 ans et père de deux enfants.

Les détails suivants sur l'arrivée des troupes françaises à Ham, nous ont été donnés par un habitant de Villers-Saint-Christophe.

Le 9 décembre 1870, à une heure du soir, la commune de Villers-Saint-Christophe fut prévenue qu'elle aurait à loger des troupes françaises venant de Saint-Quentin, le jour même. M. Martine, maire, M. Choque, adjoint, quelques conseillers municipaux et M. Dubois, greffier, étaient réunis à l'ancienne Mairie attenante à l'école des filles pour préparer des billets de logement. M. le général Lecointe arriva vers trois heures du soir avec quelques officiers. Il pria M. Martine de faire sortir de[illegible] Mairie toutes les personnes présentes, car il avait besoin [illegible] s'entretenir avec lui. Le général Lecointe exposa qu'il voul[illegible] prendre les Prussiens à l'improviste et qu'il avait besoin de guid[illegible] parce qu'il allait immédiatement diviser ses hommes en tr[illegible] groupes : l'un se dirigerait par Saint-Simon pour prend[illegible] possession de la route de Chauny ; un autre irait par Sancou[illegible] et Offoy sur la route de Noyon ; le troisième marcherait sur [illegible] route de Péronne. M. Martine lui fit remarquer que Ham n'ét[illegible] qu'à quatre kilomètres de Villers-Saint-Christophe, que le pl[illegible] qu'il voulait suivre était trop long à réaliser ; que pendant [illegible] temps, les Prussiens pouvaient être avertis ; que la n[illegible] allait arriver et qu'à la faveur de la neige qui couvrait [illegible] sol, les soldats pourraient arriver facilement à Ham et bl[illegible] quer la ville en peu de temps. Le général reconnut que cet[illegible] façon d'agir était très bonne et il demanda trois guides. Ceux-[illegible] furent désignés, mais il n'y eut que le garde-champêtre Prévo[illegible] pour accepter la mission dont ils étaient chargés. Le général [illegible] ses officiers quittèrent la Mairie et allèrent rejoindre les troup[illegible] françaises stationnées près de la fabrique de Villers-St-Christoph[illegible] A cinq heures du soir eut lieu le départ pour Ham. Le guide ét[illegible] en avant auprès d'un capitaine auquel il donnait les distances. [illegible] quinze cents mètres de la ville, il y eut un arrêt ; l'ordre fut don[illegible] de charger les fusils. La colonne se remit en route. A sept cen[illegible] mètres de Ham, on fit un second arrêt. On donna l'ordre [illegible] mettre baïonnette au canon, de se ranger sur trois colonnes et [illegible] prendre le pas gymnastique. Les soldats formèrent trois colonne[illegible] la première se dirigea vers le boulevard du midi ; la seconde a[illegible] du côté du boulevard du nord et la 3e passa en ville. Un pelot[illegible] fut envoyé pour occuper la gare et couper les fils télégraphique[illegible]

L'habitant de Ham qui revenait de Saint-Quentin est [illegible] Roussel négociant. Il fut arrêté par les troupes françaises, mais [illegible] le relâcha, dès qu'on sut qu'il était un bon Français et sur sa par[illegible] qu'il ne donnerait pas l'éveil aux Prussiens en entrant en ville.

Imp. Juniet-Hasse à Ham

www.ingramcontent.com/pod-product-compliance
Ingram Content Group UK Ltd.
Pitfield, Milton Keynes, MK11 3LW, UK
UKHW020231200726
13856UKWH00004B/1700

9 782011 923776